SOY TU GATO

KASIA ANTCZAK Y KASIA FRYZA

COCO
BOOKS

¡Hola!

Soy la gata Lilu y este es un libro que habla de gatos, o sea, de animalejos como yo.

Seguro que conoces a alguna gata o gato, o tal vez tengas uno que ronronea todos los días al verte. Es posible que te encuentres con gatos cuando vas a casa de alguien o sales a dar un paseo, o que leas historias que hablan de nosotros.

Pero, ¿cómo es la vida de un gato, realmente?

Nosotros, los gatos, para sobrevivir necesitamos lo mismo que otros seres vivos: comida, agua fresca y un lugar cómodo para dormir. A mí me encanta subirme a los muebles altos y sentarme a la ventana, porque así puedo observarlo todo. Hago mis necesidades en un arenero. Y me gusta usar mis garras para rasguñar algunas superficies, marcar mi territorio y liberar mi energía juguetona.

A veces me enfado o me asusto, y entonces puedo morder o arañar para defenderme. Me gusta cuando me cuidan y me quieren, porque hace que me sienta segura. Y, cuando mi humano pone atención, me puedo comunicar con él para mostrarle cuando necesito ayuda, o cuando quiero jugar, cazar o comer alguna golosina.

¡Bienvenidos al mundo de los gatos!

¿QUÉ PUEDO COMER?

CUENCO

COMIDA

¡SÚPER!

Los gatos deben comer varias veces al día, ya que su estómago es pequeño. Hay que darles comida específica para gatos, porque otro tipo de comida podría sentarles mal. Les encanta la comida blanda, aunque se les debe dar con moderación.

A veces, es posible que trate de enterrar el resto de su comida: es un comportamiento totalmente normal.

¿DÓNDE PUEDO BEBER?

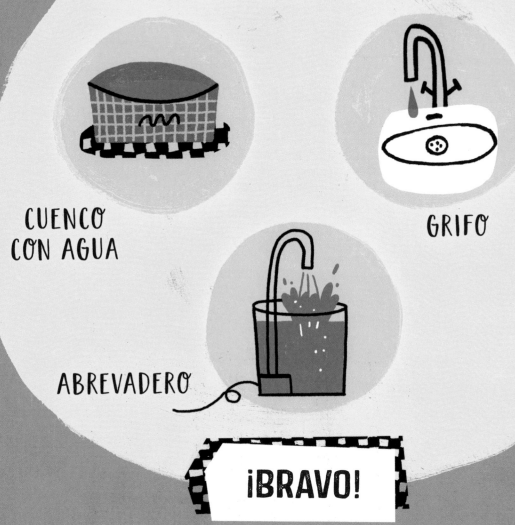

CUENCO CON AGUA

GRIFO

ABREVADERO

¡BRAVO!

Los gatos no beben demasiada agua, y deberían hacerlo, ya que suelen tomar pienso seco. Por eso, debes procurar que los cuencos estén siempre llenos de agua.

A los gatos no les suele gustar que el cuenco de agua esté al lado del de la comida. Intenta buscar otro lugar donde ponerle el cuenco del agua.

Puede ocurrir que a tu gato no le guste beber de un cuenco y prefiera tomar agua de un abrevadero o directamente del grifo.

ME ENCANTA MIRAR

BALCÓN

VENTANA

ÁRBOL TREPADOR

¡SÚPER!

A los gatos les fascina observar el mundo por la ventana. Pero deben estar seguros cuando se acercan a las ventanas o balcones. Hay gatos más trepadores que otros y esos espacios deben estar protegidos con una red o cañizo especial.

Asegúrate junto a un adulto de que tu gato estará bien en su nuevo hogar.

¿DÓNDE HAGO MIS NECESIDADES?

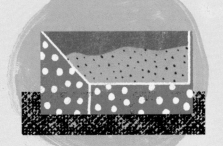

ARENERO

ARENA

PALA

¡BIEN!

Los gatos hacen pipí y caca en un arenero. ¡Son muy limpios! El arenero hay que ponerlo en un lugar donde el gato pueda estar tranquilo.

Acuérdate de limpiar el arenero de tu gato con una pala varias veces al día. Y recuerda que hay que limpiarlo entero y poner arena nueva a menudo.

RASCADOR

RASCADOR
DE PARED

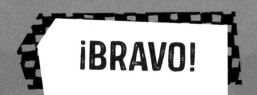

TRONCO

¡BRAVO!

¡A los gatos les encanta rascar! Cuando rascan con las uñas un lugar, están marcando su territorio con el olor de sus patas. Pero también lo hacen para desahogarse y forma parte de su juego. Si arañan los muebles, puede que sea porque les falta un rascador, o si ya tienen uno, es posible que esté en un sitio poco apropiado.

UAAAH, QUÉ SUEÑO.

QUÉ A GUSTITO. RRRR...

MI RINCÓN DE DESCANSO

ENCIMA DE
UN ARMARIO

CAMA

CASITA

¡PERFECTO!

¡Los gatos pueden dormir hasta 16 horas! Así que no te extrañe si tu gato dedica la mayor parte del día a ir cambiando de posición y de lugar para dormir.

Los gatos son animales que se muestran más activos por la noche.

Si te acercas a un gato que está durmiendo, podría asustarse y arañarte. Es mejor que antes lo llames por su nombre y le pidas permiso para tocarlo.

¿Y SI ME ENCUENTRO MAL?

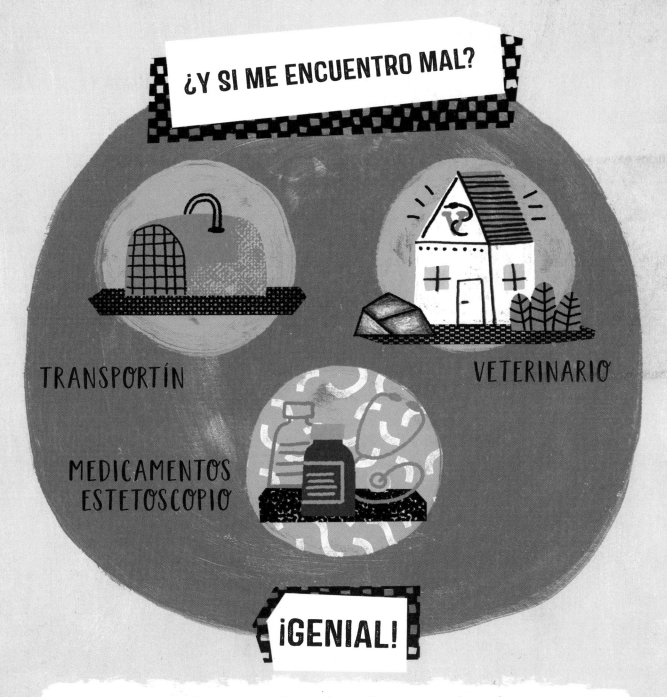

TRANSPORTÍN

VETERINARIO

MEDICAMENTOS
ESTETOSCOPIO

¡GENIAL!

Los gatos son muy buenos a la hora de ocultar que están enfermos, por eso es importante llevarlos al veterinario de manera regular. Si tu gato parece comportarse de manera distinta, puede que esté enfermo. Llévalo lo más rápido posible al veterinario con tus padres. Durante el trayecto el gato debe ir seguro, para ello necesita un transportín especial para gatos.

Los veterinarios se encargan de esterilizar a los gatos. Si tu gato sale a la calle va a tener más probabilidades de enfermar, por eso es mejor castrarlos.

CÓMO ACICALARME

CEPILLO

HIERBA

CORTAÚÑAS PARA GATO

¡BUEN TRABAJO!

En el día a día, los gatos se encargan de mantener su pelaje limpio lamiéndolo. Al hacerlo, se tragan una gran cantidad de pelo, y por eso a veces devuelven "bolas de pelo". Es bueno tener hierba para gatos en casa, que les encanta, o darles una pasta especial que les ayude a expulsar el pelo ingerido.

A los gatos hay que cepillarles a menudo el pelo con un cepillo especial. Y si hace falta, también se les pueden cortar las uñas con mucho cuidado, pero debe hacerlo un adulto.

SOY MUY MÍO

DISTANCIA

CAMA

¡GRACIAS!

Los gatos tienen sus propias armas de defensa: dientes y uñas. Nos advierten, se comunican y debemos respetarlos. A veces no quieren contacto. Mantienen la distancia, se ponen nerviosos o se asustan: entonces pueden mover la cola agitadamente, luego avisan con un bufido y, si esto no funciona, pueden arañar.

Si lo quieres tomar en tus brazos, no lo hagas por sorpresa: respétalo y observa lo que quiere. Procura que tu gato esté tranquilo, le puedes preparar alguna mantita suave para acurrucarse.

LUNA, VAMOS A DORMIR.

¿NO QUIERES? PUES ME VOY SOLA.

SOMOS DOS

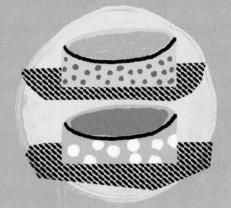

DOS CUENCOS

DOS CAMAS

VETERINARIA

¡BRAVO!

En las casas en las que vive más de un gato, cada uno de ellos debe tener su cuenco de comida y un lugar propio donde dormir. También tiene que haber más areneros.

Si llega a casa un gato nuevo, durante unos días debería estar aislado en otra habitación, para que nos conozca, y luego lo podemos ir introduciéndolo al gato de la casa.

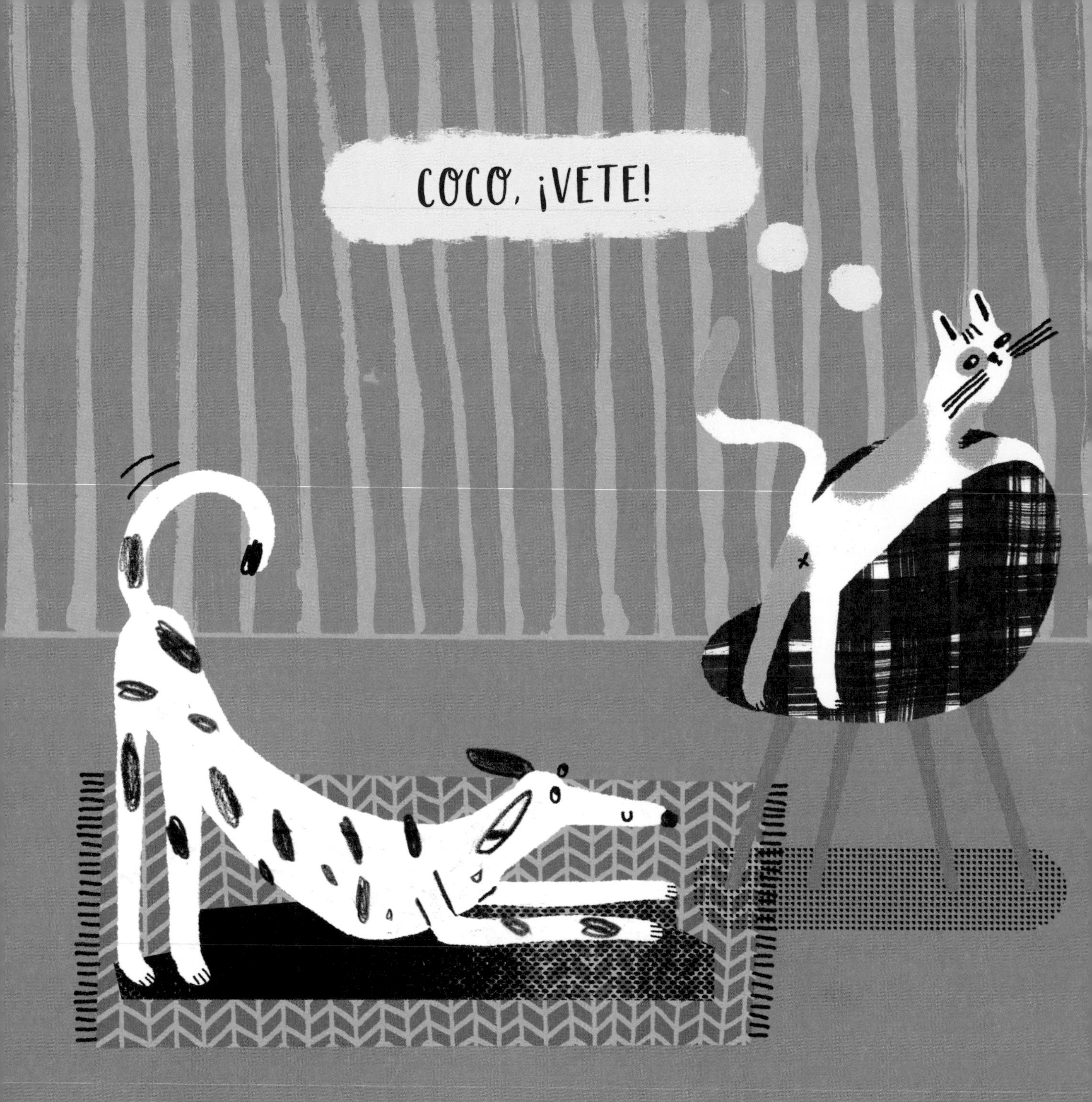

NO ENTIENDE QUE NO ME APETECE JUGAR.

¿AMIGOS?

JUGAR TÚ
CON EL GATO

LUGAR DE
DESCANSO
COMPARTIDO

DISTANCIA

¡SÚPER!

Hay muchos tipos de relación entre gatos y perros: puede que no se hagan ni caso, que no se gusten, o que sean amigos y se adoren.

Al principio vale la pena dedicar un rato de juego a cada uno por separado. Así evitarás posibles enfados. Aunque si le pones mucho amor, cariño y paciencia, acabarán teniendo una relación amistosa.

PASEO POR LA CALLE

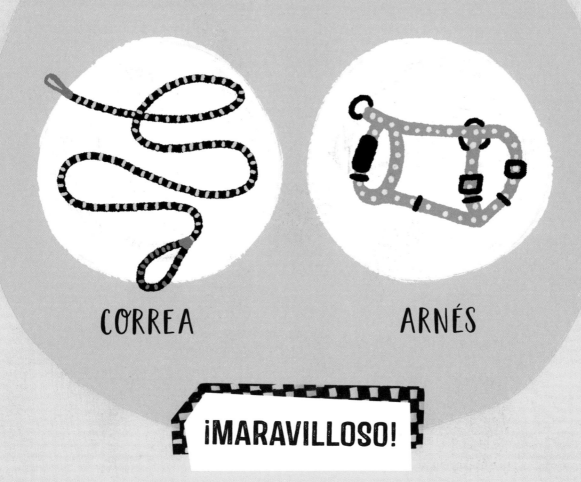

CORREA

ARNÉS

¡MARAVILLOSO!

Según donde vivas, hay gatos que pueden salir solos a pasear, aunque es arriesgado. En la calle pueden encontrar automóviles y otros animales. También pueden contraer enfermedades: deben estar bien desparasitados y vacunados.

Si a tu gato también le gustan los paseos, y estás en un espacio tranquilo, puedes enseñarle a dar una vuelta contigo y probar que lleve arnés y correa.

OH, ¡VEO UN GATO AL LADO DEL CUBO DE BASURA!

QUIERE SER DE LA FAMILIA.

UN AMIGO CALLEJERO

COBIJO

COMIDA

¡GRACIAS!

Hay gatos que no viven con humanos, sino en la calle. Duermen en sótanos o en algún cobijo, y comen lo que encuentran o lo que les da la gente.

A menudo estos gatos acuden a las personas que los alimentan, o sea, voluntarios que se encargan de darles comida y cuidarlos.

Si das de comer a algún gato de tu barrio, piensa que necesita un hogar y podrías adoptarlo o buscar a alguien que lo quiera. Recuerda que hay que darles solo comida específica para gatos.

ME GUSTAN LAS ALTURAS.

DESDE AQUÍ TE PUEDO OBSERVAR TODO EL RATO.

ARMARIO

ESTANTES

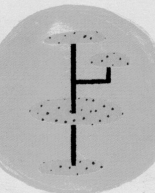

RASCADOR ALTO

¡CUÁNTA RAZÓN!

A los gatos les encanta vivir en las alturas. Pueden observar el entorno y descansar tranquilamente, por eso se suben con gusto a mesas, estantes y armarios.

En las casas donde viven gatos es divertido tener un rascador alto, estantes en las paredes y acceso a los muebles altos sobre los que puedan pasear.

¡A JUGAR!

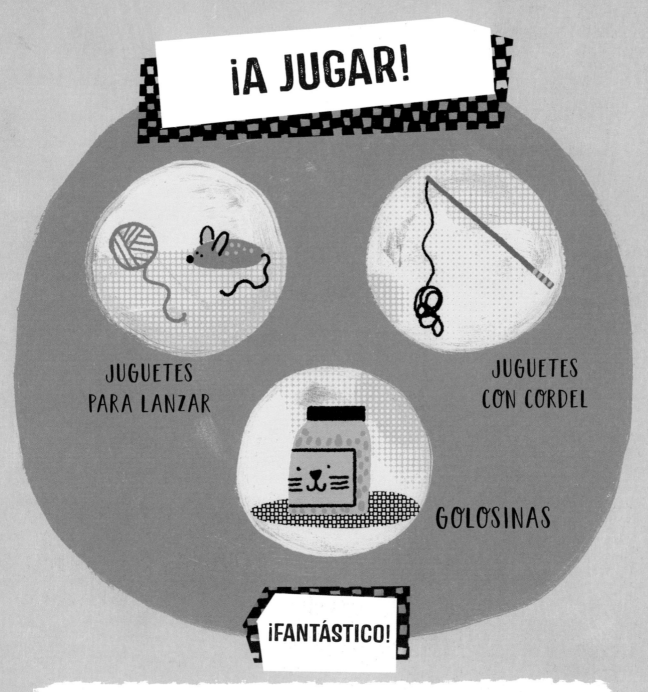

JUGUETES
PARA LANZAR

JUGUETES
CON CORDEL

GOLOSINAS

¡FANTÁSTICO!

Lo que más les gusta a los gatos es cazar. Diviértete con tu gato usando juguetes interesantes, como una caña de pescar para gatos o un ratón de peluche.

Pero acostúmbralo a jugar bien y no uses tus dedos como si fueran un juguete, porque los gatos tienden a agarrar con fuerza como cuando cazan una presa, y podrían arañarte.

Si le enseñas una golosina para gatos, correrá contento a cogerla. También se la puedes esconder, por ejemplo, detrás de la pata de una silla.

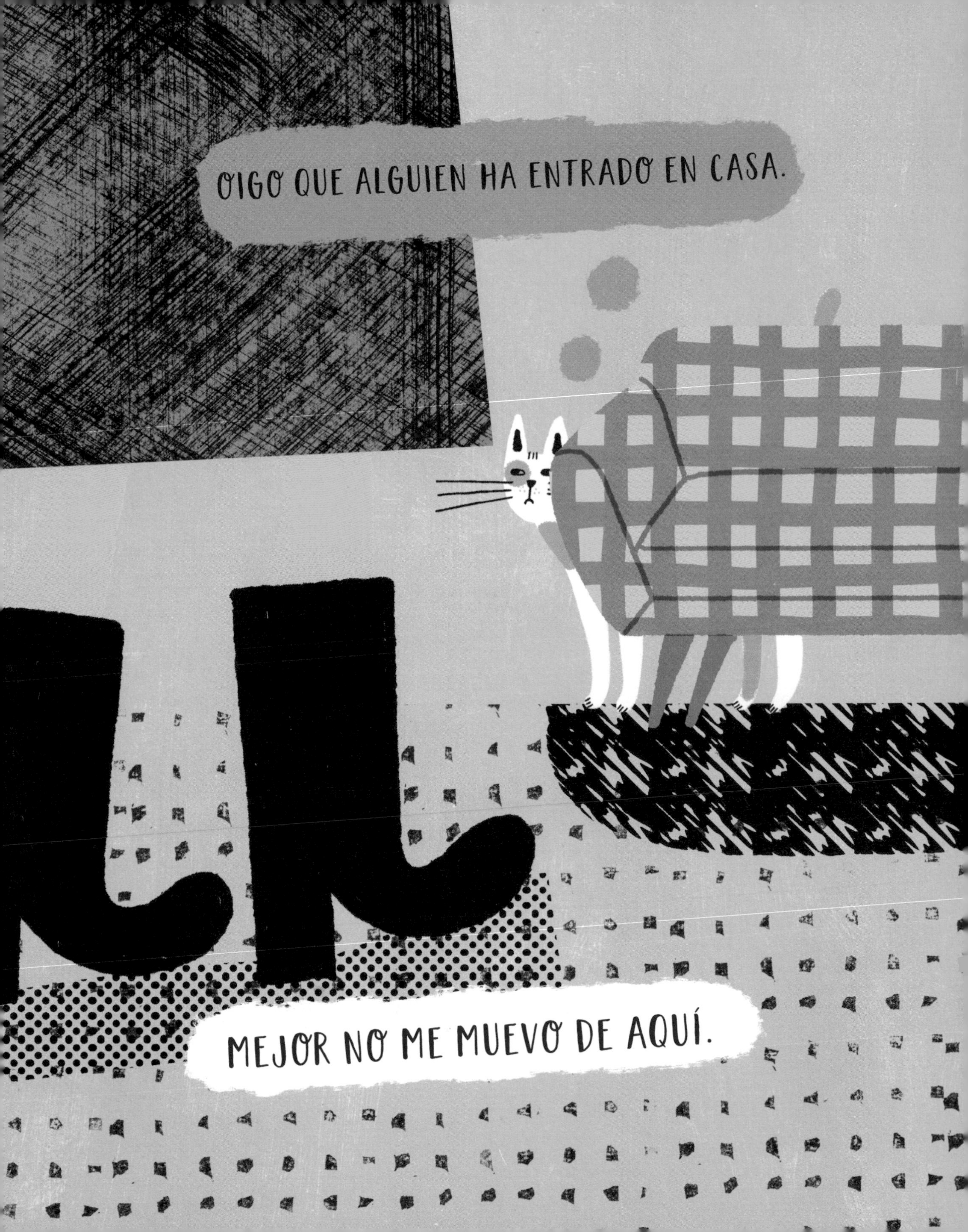
OIGO QUE ALGUIEN HA ENTRADO EN CASA.
MEJOR NO ME MUEVO DE AQUÍ.

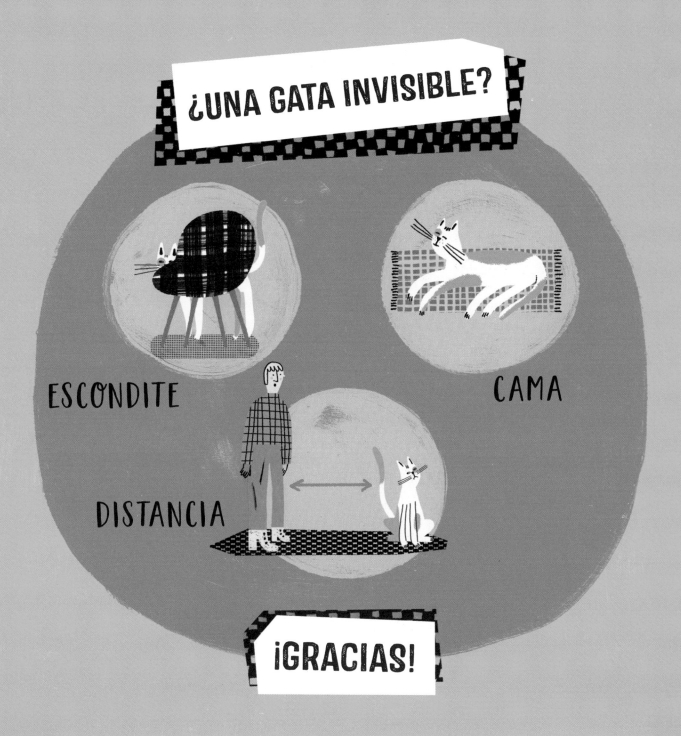

¿UNA GATA INVISIBLE?

ESCONDITE

CAMA

DISTANCIA

¡GRACIAS!

Los gatos pueden ser muy distintos. A unos les encanta estar con gente y les atrae mucho tener invitados, en cambio hay gatos que prefieren mantenerse escondidos en un lugar seguro si no los conocen. Entonces, es mejor no molestarlos.

Los gatos se sienten seguros en su casa, con sus olores reconocibles. Son territoriales y por eso les cuesta adaptarse e ir de visita a otros lugares. Tu gato ya te lo hará saber.

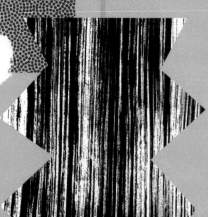

MIMOS Y ABRAZOS

SOFÁ   TIEMPO JUNTAS

¡FELIZ!

A algunos gatos les encanta que los tomen en brazos y que su cuidador les acaricie un buen rato cada día. En cambio a otros gatos no les gustan tantos mimos, pero te despiertan con lametazos ásperos o les basta con tumbarse cerca de nosotros.

Todo es normal, son maneras distintas de decirte "te quiero mucho".
Lo que no les suele gustar son las caricias en la tripa, ni que les tires de la cola.

RRRR, VOY A DESCANSAR UN RATO.

AL FIN Y AL CABO, YA TENGO UNA EDAD.

CUANDO YA SOY VIEJITA

CAMA

VETERINARIO

TIEMPO JUNTAS

¡FANTÁSTICO!

Los gatos viven mucho tiempo (hasta 20 años), pero también les llega la vejez. Cuando eso pasa, ya no son tan ágiles como antes, puede que enfermen más a menudo o que tengan afecciones que les acompañen hasta el final de sus días.

Por eso necesitan descansar más y jugar menos. Se vuelven muy tiernos y entrañables, y seguro que estarán encantados de comer cosas deliciosas y pasar tiempo contigo.

Cuida de tu gato viejito.

Kasia Antczak – psicóloga de animales y adiestradora de perros. Sueña con vivir en el campo. Le encantan los animales, el olor del bosque y el sonido del mar. Es la mamá de Filip y cuida de sus dos perritas adoptadas: Coco y Luna.

Kasia Fryza (Katarzyna Księżopolska) – ilustradora de Varsovia. Le encanta dibujar y viajar por Europa en un viejo autobús con su marido, su hija y su perro.

SOY TU GATO
Título original, *Kot – instrukcja obsługi*
Edición española publicada por acuerdo con **Wydawnictwo Kropka**

Texto © **Kasia Antczak**
Ilustraciones © Katarzyna Księżopolska alias **Kasia Fryza**
© Wydawnictwo Kropka 2022

Traducción, **Anna Gibert Montalà**
Maquetación, **Isabel Aniel**

Primera edición: 15 de octubre de 2022
© **Coco Books SL**
Barcelona, España
Tel. 93 269 14 04
coco@cocobooks.com
www.cocobooks.com

Agradecimientos:
A Ignasi Carsí, por su gran estima a Lilu y Greenpy.
A Anna Munilla, veterinaria de Provitas, por su inestimable apoyo y su conocimiento felino.

ISBN: 978-84-125570-9-1
Depósito legal: B 21021-2022
Impreso en España

Este libro se ha publicado con el apoyo de:

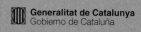